글짓기, 글쓰기는 생활입니다

우리들은 하루도 말하고 듣지 않고는 살아가기 힘듭니다. 효과적으로 조리있게 말하는 힘이 곧 글 짓고 쓰는 힘이 됩니다.

그러므로 글짓기, 글쓰기는 우리들의 일상 생활이라 할 수 있습니다. 우리의 말과 글을 학습하는 국어는 그래서 도구 교과라 합니다.

미국 하버드 대학 학생들에게 던진 설문 조사에서 가장 자기 능력을 향상 시켜 보고 싶은 부분을 '글짓기'라고 대답한 사람이 가장 많았다는 얘기는 생각해 볼 일이 아닐 수 없습니다.

방법을 알면 길이 보입니다. 효과적이고 조리 있고 감동적인 글 짓는 방법을 스스로 터득할 수 있게 만든 책입니다. 꾸준히 노력하면 좋은 결과가 있을 것입니다.

김 몽 선

차 례

글짓기, 글쓰기는 생활입니다.
일러두기

1. 교사, 학부모들은 지도서로, 학생들은 자습서로 활용할 수 있게 꾸몄습니다.

2. 학생들은 글짓기 공책을 따로 두고 학습할 수 있게 하였습니다.

3. 초등 학교 중학년을 대상으로 하였습니다.

4. 보기글은 부족하다고 생각되는 글과 잘 되었다고 생각되는 글을 함께 실어 스스로 읽고 비교 판단할 수 있게 하였습니다.

5. 필요에 따라 순서에 관계없이 해당 부문만 지도하거나 학습할 수 있게 하였습니다.

6. 기초 학습 부문은 매 시간 시작하기 전에 반복 학습하는 것이 효과적입니다.

7. 여기 제시한 방법은 여러 가지 방법 중의 한 가지일 뿐입니다. 이를 바탕으로 자기 나름의 창조적인 방법을 찾아내도록 힘써야 합니다.

8. 연습 문제의 정답은 없습니다. 다양하기 때문입니다.

글짓기 기초 학습

1. 낱말 (어휘)

2. 문장 만들기
   (1) 기본 문장
   (2) 기본 문장에 꾸미는 말 넣기
   (3) 짧은 글짓기

3. 문장의 종류

4. 문장 부호

5. 높임말

6. 자세히 나타내기

1. 낱말 (어휘)

　　자기의 생각이나 느낌을 자유롭게 말이나 글로 나타내려면 낱말을 많이 알아야 합니다. 특히 글자는 같지만 그 뜻이 다른 낱말들이 많기 때문에 항상 사전을 찾아 앞뒤 문장에 알맞은 낱말을 써야 합니다.

보 기

- **전기** – 어둠을 밝히는 불
  – 위인들의 일생을 쓴 글

- **눈** – 하늘에서 겨울에 오는 눈
  – 사람의 보는 눈

- **묻다** – 몰라서 묻다
  – 땅에 묻다

- **말** – 동물인 말
  – 사람의 말

- **배** – 먹는 열매
  – 바다 위의 배
  – 사람의 가슴밑 배

- **차다** – 얼음이 차다
  – 공을 차다

❋ 사전에서 찾아 아래 낱말의 뜻을 2가지 이상 적어 봅시다.

- **가락** ▷ __________________
  ▷ __________________

- **가래** ▷ __________________
  ▷ __________________

- **감사** ▷ __________________
  ▷ __________________

■ 거리 ▷
▷

■ 굴 ▷
▷

■ 돌 ▷
▷

■ 발 ▷
▷

■ 다리 ▷
▷

■ 벌 ▷
▷

■ 병 ▷
▷

■ 사기 ▷
▷

■ 서리 ▷
▷

■ 손 ▷
▷

■ 일기 ▷ ____
　　　 ▷ ____

■ 장사 ▷ ____
　　　 ▷ ____

■ 짝 ▷ ____
　　 ▷ ____

■ 턱 ▷ ____
　　 ▷ ____

■ 갈다 ▷ ____
　　　 ▷ ____

■ 돌아가다 ▷ ____
　　　　 ▷ ____

■ 말다 ▷ ____
　　　 ▷ ____

■ 물다 ▷ ____
　　　 ▷ ____

■ 싸다 ▷ ____
　　　 ▷ ____

■ 이르다 ▷ ____
　　　　 ▷ ____

2. 문장 만들기

(1) 기본 문장

① 무엇이(은,는,가) 무엇이다.

　〈예〉 백화점은 종합 시장이다.

② 무엇이(은,는,가) 어떠하다.

　〈예〉 가을 산이 아름답다.

③ 무엇이(은,는,가) 어찌한다.

　〈예〉 원숭이가 도망간다.

(2) 기본 문장에 꾸미는 말 넣기

① ________ 무엇이(은,는,가) ________ 무엇이다.

　〈예〉 아름다운 설악산은 대한 민국의 자랑이다.

② ________ 무엇이(은,는,가) ________ 어떠하다.

　〈예〉 바람에 하늘거리는 코스모스가 움직이는 그림처럼 아름답다.

③ ________ 무엇이(은,는,가) ________ 어찌한다.

　〈예〉 새침데기 내 친구 은주가 나를 못 본 척하고 지나간다.

① __________ 무엇이(은,는,가) __________ 무엇이다.

-
-
-
-

② __________ 무엇이(은,는,가) __________ 어떠하다.

-
-
-
-

③ __________ 무엇이(은,는,가) __________ 어찌한다.

-
-
-
-

(3) 짧은 글짓기

① 주어진 낱말들을 넣어서 재미있는 문장 만들기

〈 제비, 할머니, 과자 〉

할머니께 드리려고 과자를 사 들고 집에 들어서는데 제비 한 마리가 쏜살같이 날아 담장 밖으로 사라졌다.

✻ 아래 주어진 낱말들을 넣어서 재미있는 문장을 만들어 봅시다.

말, 전기, 아버지 ➡ __________________

____

____

____

다리, 공, 눈, 책가방 ➡ __________________

____

____

____

컴퓨터, 숙제, 손, 현관 ➡ __________________

____

____

____

② 원인과 결과가 드러나게 짧은 글짓기

어제 다친 다리가 더 아파서 오늘은 할 수 없이 결석을
　　　（ 원인 ）　　　　　　　　　　　（ 결과 ）
해야 했다.

✸ 위와 같이 원인과 결과가 드러나게 짧은 글을 지어 봅시다.

- ____

- ____

- ____

- ____

③ 빗대어 나타내는 방법을 써서 짧은 글짓기

아파트 베란다에는 헌 빨래가 전깃줄에 걸린 찢어진 연
처럼 매달려 있었다.

✸ 위와 같은 방법으로 짧은 글을 지어 봅시다.

- ____

- ____

- ____

- ____

보기 2

활짝 웃는 어머니 얼굴은 <u>한 송이 예쁜 장미꽃이다.</u>

❋ 위와 같은 방법으로 짧은 글을 지어 봅시다.

-
-
-
-

④ 중심 문장과 뒷받침하는 문장 만들어 보기

보 기

<u>우리집 꽃밭에는 많은 꽃이 피어 있다.</u> <u>빨간 장미도 있</u>
(중심 문장)
<u>고 분홍 봉선화도 있다. 또 채송화도 나직하게 피어 있고</u>
(뒷받침하는 문장)
<u>아침마다 나팔꽃도 곱게 핀다.</u>

❋ 위와 같은 방법으로 글을 만들어 봅시다.

3. 문장의 종류

(1) 풀이하는 문장 ➡ 하늘에는 흰구름이 둥둥 떠 간다.
　　　　　　　　 ➡ 어제 우리집에는 할머니가 오셨다.

(2) 묻는 문장 ➡ 하늘에 흰구름이 둥둥 떠 가느냐?
　　　　　　 ➡ 어제 우리집에 누가 오셨느냐?

(3) 시키는 문장 ➡ 네 방 청소는 네가 해라.
　　　　　　　 ➡ 서점에 가서 동화책 한 권 사 오너라.

(4) 권유하는 문장 ➡ 쓰레기는 분리하여 모아 주면 좋겠다.
　　　　　　　　 ➡ 엄마, 저 좀 도와 주세요.

(5) 감탄하는 문장 ➡ 야, 그것 참 예쁘다!
　　　　　　　　 ➡ 너를 만나게 되어서 정말 기뻐!

✽ 풀이하는 문장을 네 가지 문장으로 고쳐 봅시다.

보 기

길을 건널 때는 횡단 보도를 이용해야 된다.

〈 묻는 문장 〉
➡ 길을 건널 때는 횡단 보도를 이용해야 하는가?

〈 시키는 문장 〉
➡ 길을 건널 때는 횡단 보도를 이용해라.

〈 권유하는 문장 〉
➡ 길을 건널 때는 횡단 보도를 이용하면 좋은데…….

〈 감탄하는 문장 〉
➡ 길을 건널 때는 횡단 보도로!

보 기

어릴 때부터 책을 많이 읽어야 한다.

〈 묻는 문장 〉
➡

〈 시키는 문장 〉
➡

〈 권유하는 문장 〉
➡

〈 감탄하는 문장 〉
➡

4. 문장 부호

내용을 더 분명하게 나타내려면 문장 부호를 알맞게 써야 합니다.

1 온 점 (.)
▶ 풀이하는 문장, 시키는 문장 등의 끝에 씁니다.

보 기

장마철에는 홍수가 많이 난다.
자기 물건은 자기가 책임지고 간수해라.

2 물음표 (?)
▶ 묻는 문장의 끝에 씁니다.

보 기

오늘 숙제는 뭐니?

3 느낌표 (!)
▶ 감탄을 나타낼 때 씁니다.

보 기

어찌 저럴 수가!

4 반 점 (,)
▶ 여러 가지를 늘어 놓을 때 씁니다.

보 기

봄에는 꽃이 피고, 여름에는 장마가 지고,
가을에는 단풍이 든다.

5 큰따옴표 (" ")

▶ 말을 따올 때 씁니다.

> **보 기**
>
> "선생님, 제가 한 일입니다."

6 작은따옴표 (' ')

▶ 마음 속의 생각을 나타낼 때 씁니다.

> **보 기**
>
> '저걸, 한 대 쥐어박아 줄까?'

✻ 다음 글에서 ☐ 한 곳에 들어갈 알맞은 문장 부호를 적어 넣어 봅시다.

> ☐하느님께서는 오직 나만 사랑하셔☐ 그래서 나만 아름답게
>
> 만드신 거야☐ 다른 동물들은 아무렇게나 만드셨어☐☐
>
> 이렇게 생각하니☐ 다른 동물들이 모두 하찮게 보였습니다☐
>
> 어느 날☐돼지가 다가와 보들에게 인사를 하였습니다☐
>
> ☐보들아☐ 안녕☐ 오늘따라 더욱 아름답게 보이는구나☐☐
>
> 그러나 보들은 돼지를 보면서 통명스럽게 말하였습니다☐
>
> ☐나는 언제나 아름답지☐ 그런데 네 코는 정말 우습구나☐☐

5. 높임말

우리 조상들은 어른 공경의 마음씨를 지켜 왔습니다. 따라서 우리 말, 글도 높임말이 발달되었습니다. 어른께 쓰는 높임말을 알아봅시다.

(1) 잘못 쓰고 있는 높임말

보기 1

할머니가 나를 오라고 하였다.
➡ 할머니께서 나를 오라고 하셨다.

보기 2

"민수야, 선생님이 오라고 한다."
➡ "민수야, 선생님께서 오라고 하신다."

보기 3

"아버지, 할아버지가 오시라고 해요."
➡ "아버지, 할아버지께서 오라고 하십니다."

보기 4

"형, 어머니가 오시라고 해."
➡ "형, 어머니께서 오라고 하셔."

✻ 다음 말을 높임말로 고쳐 봅시다.

- 집 ➡ (　　　　　)
- 나이 ➡ (　　　　)
- 말 ➡ (　　　　　)
- 병 ➡ (　　　　)
- 잔다 ➡ (　　　　)
- 먹는다 ➡ (　　　　)
- 밥 ➡ (　　　　)
- 아프다 ➡ (　　　　)
- 생일 ➡ (　　　　)
- 간다 ➡ (　　　　)

✻ 다음 글을 읽으며 밑줄 그은 부분을 어른께 하는 말투로 고쳐 봅시다.

할아버지가 형을 보고 말하였다.
　(　　　)　　　(　　　　　)
"이놈아, 그게 무슨 짓이냐?"
"할아버지, 그런 말하지 마. 나는 이게 좋은데."
　　　(　　　)(　　　)(　　)　(　　　　)
"그래도 안 돼."
"할아버지는 나이가 많아 우리들 마음은 조금도 몰라."
　(　　)(　　)　　　(　　　)　　　　(　　)
형은 계속 할아버지 말에 꼬박꼬박 대꾸를 하고 있었다.
　　　　　　　(　　　)
그때 아버지 말이 들렸다.
　　　(　　)
"민구야, 네 형 내게 빨리 오라고 해라."
나는 형에게 말했다.
"형, 아버지가 빨리 오시라고 한다."
　　(　　)　(　　　)(　　)

6. 자세히 나타내기

　　자기의 생각과 느낌, 혹은 겪은 사실을 자세히 나타내는 습관을 붙여야 합니다. 우리들은 사물을 대할 때 눈으로 크기, 색깔, 모양 등을, 코로는 냄새를, 귀로는 소리를, 입(혀)으로는 맛을, 그리고 살갗(피부)으로는 차다, 따뜻하다, 말랑말랑하다, 딱딱하다, 미끌미끌하다 등의 촉감을 알게 됩니다. 이런 것들을 자세히 꾸며서 나타내면 읽는 이는 그만큼 실감을 얻게 되는 것입니다.

(1) 사물을 그림 그리듯 나타내기

봄바람이 개나리 꽃을 흔들며 지나간다.

➡ 따스한 봄바람이 노오란 개나리 꽃을 살랑살랑 흔들며 느릿느릿 지나간다.

✽ 위와 같이 나타내어 봅시다.

________ 아버지께서 ________ 짐을 ________ 지고 ________ 들어오셨다.

연필이 종이 위를 지나가는 것만 지켜보고 있던 지우개가 말했다.

➜ 뾰족한 심의 연필이 하얀 종이 위를 사각사각 지나가는 것만 가만히 지켜보고 있던 네모난 지우개가 갑자기 큰 소리로 말했다.

✳ 위와 같이 나타내어 봅시다.

_________ 강아지 한 마리가 _________ 걸어오더니 _________ 내 앞에서 _________ 멈추며 _________ 짖기 시작했다.

_________ 신을 _________ 쥐고 _________ 모래 위에서 _________ 자동차 놀이를 하고 있는 _________ 동생이 _________ 보였다.

_________ 민수가 _________ 운동복을 입고 _________ 달려왔다.

(2) 빗대어 나타내기

단풍잎이 가지 끝에 매달려 흔들리고 있었다.

➡ 우리 동생 손바닥 같은 단풍잎이 가지 끝에 종이 비행기
처럼 매달려 흔들리고 있었다.

✻ 위와 같이 나타내어 봅시다.

__________ 솜사탕을 손에 들고 좋아하는 동생이 ______귀엽다.

푸른 하늘에 흘러가는 흰구름은 한 척의 돛단배다.

✻ 위와 같이 나타내어 봅시다.

깡충깡충 뛰어가는 동생은 한 마리 _________ 다.

둘째마당

일 기

1. 생활 일기

2. 독서 일기

3. 기행 일기

4. 관찰 일기

1. 생활 일기

일기를 쓰는 일은 그날 하루 생활의 반성과 아울러 자기 생활의 역사를 창조하는 일입니다. 일기 쓰기는 모든 글짓기의 바탕이 됩니다. 하루의 일을 빠짐없이 기록하는 일기도 있겠지만 그것보다는 하루의 일 중에서 기억할만한 한 가지를 골라 자세하게 자기의 생각과 느낌을 함께 쓰는 것이 훨씬 효과적입니다.

(1) 하루 생활 중 일기 쓸 거리 찾기

오 전	일어나서 식사 전까지	오 후	5교시
	아침 식사		청소
	등교		하교
	자습 시간		하교 후
	1교시 (쉬는 시간)		저녁 식사
	2교시		식사 후
	3교시		
	4교시		
점심시간	식사 시간		
	식사 후 놀이		

학교에 가는 날을 기준으로 쓸 거리를 찾아보면 위와 같이 많습니다. 이 중에서 그날 특별히 기억나는 일, 생각과 느낌이 많았던 일 한 가지를 골라 자세히 쓰면 됩니다. 토요일, 일요일, 공휴일, 방학 중이면 또 달라질 것입니다.

(2) 단순한 기록 일기와 고쳐 본 일기

● 단순한 기록 일기 ●

○ 월　○ 일　금요일　맑음

　①오늘은 금요일이다. ②나는 ③일어나서 세수를 하고 밥을 먹고 ④학교로 갔다. ⑤4시간 수업을 하고 ⑥점심을 먹었다. ⑦운동장에서 축구를 하다가 ⑧교실로 와서 5교시 수업을 했다. ⑨집에 오니 아무도 없었다. ⑩숙제를 해 놓고 학원에 갔다. ⑪학원에 갔다 오니 어머니가 와 계셨다. ⑫저녁을 먹고 TV를 보다가 ⑬일기를 쓰고 잤다.

　위 일기에서 ①오늘은 금요일이다, ②나는, ⑬일기를 쓰고 잤다는 쓸 필요가 없습니다. ③ ～ ⑫까지 중에서 하나만 골라 자세히 쓰는 것이 좋습니다.

● 고쳐 본 일기 ●

③ 부분

　눈을 떴다. 창문에 아침 햇살이 빛났다. 얼른 일어났다. 이부자리를 개어 정리하고 문을 열었다. 고소한 냄새가 내 코를 간지럽게 했다. 어머니께서 주방에서 전을 부치고 계셨다. 아버지께서는 벌써 출근하셨나 보다. 참으로 죄송한 마음이 든다. 오늘은 꼭 아버지 출근 때 인사를 하려 했는데……

(아래 줄임)

큰 길에 나서니 기분이 상쾌했다. 바쁘게 오가는 차들이 정답게 보인다. 횡단 보도에는 벌써 교통반이 나와 호루라기를 불며 깃발을 내리고 올린다. 노란 깃발이 내려지고 모든 차들이 멈추는 것을 보고 잰 걸음으로 길을 건넜다. 교문 앞에 오니 우리 반 친구 민수가 싱글싱글 웃으며 정답게 인사를 했다.

(아래 줄임)

국어 시간이었다. 알맞은 이야기 거리를 정하여 토론해보는 시간이었다. 우리들은 재잘거리며 이야깃거리를 정하느라 진땀을 뺀 끝에 '별명을 불러도 좋은가' 로 정했다. 사회자에 명화, 찬성자에 철민, 경희, 오영, 반대자에 나와 민구, 가희를 정했다. 나는 평소에 별명 부르는 것을 대단히 싫어한다. 내 별명이 코돌이기 때문이다. 내 코가 어떤 데 나를 코돌이라 부르는지 도무지 이해가 안 간다.

(아래 줄임)

급식 당번이 배식 준비를 마치자 차례로 식판을 들고 줄을 섰다. 그때 우리 반 무법자 한식이가 뒤늦게 식판을 들고는 맨 앞에 비집고 들어섰다. 모두들 찡그린 표정이었지만 아무도 입을 떼지 못했다. 한식이는 힘도 세기 때문이다. 나는 속이 상해 소리쳤다. "야, 한식아, 뒤로 가!"

(아래 줄임)

⑦ 부분

⑧ 부분

⑨ 부분

⑩ 부분

⑪ 부분

⑫ 부분

(3) 대화와 느낌이 잘 나타나는 일기

○ 월   ○ 일   일요일   비

"딩동딩동"
현관 벨이 요란하게 울렸다.
'아침에 누굴까?'
의아하게 생각하며 문을 열었다.
"어어? 아버지! 어디 갔다 오세요?"
"어젯밤에는 회사 일 때문에 잠 한숨 못 잤구나. 집에 별일 없지?"
피곤한 얼굴의 아버지가 안쓰러워 보였다.
(아래 줄임)

✽ 위와 같이 대화와 느낌을 살려서 일기를 써 봅시다.

월   일   요일

2. 독서 일기

때로는 그날 읽은 '이야기'를 중심으로 자기의 생각과 느낌을 일기로 쓸 수 있습니다. 이런 일기는 독후감상문을 쓰는 기초가 됩니다.

○ 월　　○ 일　　○ 요일　　흐림

　학교에서 국어 시간에 배운 '짧아진 바지'를 다시 꼼꼼하게 읽어 보았다. 재미가 있어서이다. 부잣집 세 딸과 선비네 세 딸의 모습을 그려 볼 수 있었다. 아버지의 부탁을 서로 들어드리려고 하다가 짧아진 선비의 바지가 우습다. 보통 아버지 같으면 바지를 못 입게 만들어 놨다고 꾸중부터 먼저 하실 텐데 선비는 가장 잘 맞는 바지라고 웃었다. 효자 효녀는 부모도 잘 해야 된다는 것을 깨달았다. 서로 미루다 못 고친 부잣집 딸들, 나는 나를 다시 돌아보았다. 부모님의 부탁을 잘 들어드렸는지……

(아래 줄임)

✽ 밑줄 그은 부분은 글쓴이의 생각과 느낌입니다.

월   일   요일

3. 기행 일기

여행을 떠나서 보고, 듣고, 느낀 일을 일기 형식으로 적는 것이 기행 일기입니다.

○ 월   ○ 일   ○ 요일   맑음

현장 체험 학습을 하는 날이다. 하늘을 보니 무척 맑다. <u>내 마음도 맑다.</u> 학교에 가니 관광 버스가 8대나 기다리고 있었다. 9시가 되자 우리들은 운동장에 반 별로 모였다. 출석 점검을 마치고 반 별로 차에 올랐다. <u>가족과 함께 아버지 승용차를 타고 놀러 가는 것도 재미있지만 오늘처럼 우리 학교 친구들이 한꺼번에 단체로 가는 일은 정말 즐겁다.</u> 오늘의 체험 학습장인 국립 박물관에 도착하였다.

(아래 줄임)

✽ 밑줄 그은 부분은 글쓴이의 생각과 느낌입니다.

✽ 나들이나 현장 체험 학습을 떠올려 보고, 기행 일기를 위와 같이 써 봅시다.

월   일   요일

4. 관찰 일기

하나의 대상을 지켜보며 그 변화 되어가는 과정을 자세히 쓰는 일기입니다. 하루에 끝날 수도 있지만 여러 날 걸리는 경우도 있습니다. 꽃씨를 심고 싹터 자라고 꽃피우는 모습을 관찰 일기로 쓰려면 매일 쓰기는 어렵습니다. 특별한 변화가 있는 날 자세히 쓰면 됩니다.

○ 월 ○ 일 ○ 요일 흐림

꽃씨가 흙을 뚫고 연녹색의 작은 두 잎을 내밀었다. 화분에 봉선화 씨앗 세 알을 심고 물을 준 다음 베란다에 내놓은 것이 닷새 전이었다. 세 알 가운데 두 곳에서 새싹이 고개를 내민 것이다. 봉선화는 쌍떡잎식물이라고 책에 써 있었다. 그렇다면 오늘 고개 든 두 잎이 떡잎이란 애기가 된다. 신기하기 짝이 없다. 갈색 자그마한 씨앗 속에 저런 예쁜 연둣빛 싹이 들어 있다니……. 그 속에는 더 신기한 꽃도 있을 것이다.

(아래 줄임)

✻ 한 가지 변화하는 대상을 자세히 관찰하고 일기로 써 봅시다.

(예) 개미, 벌, 꽃, ...

월 일 요일

셋째마당

생활문

1. 주제, 글감
2. 잘된 글과 그렇지 못한 글
3. 글의 시작
4. 글의 전개
5. 글의 마무리
6. 생활문 쓰기의 실제

1. 주제, 글감

생활문은 일상 생활 속에서 겪은 일을 글감으로 실감나게 쓰는 글입니다. 대개 제목을 보고 주제를 정하고 글감을 찾습니다.

- 제목 : 전 화

- 주제(생각) - 글감
  - 전화는 참으로 고마운 물건이다.
    - 길을 몰라 헤매다가 공중 전화로 집을 찾았던 일
  - 전화가 사람들을 괴롭게 하고 있다.
    - 저녁마다 전화로 불려 나가시는 아버지 때문에 어머니와 싸우신 일
  - 전화 예절을 지켜야 되는 곳이 있다.
    - 극장에 가 관람을 하고 있는데 옆 자리 아저씨의 휴대 전화 소리에 나도 덩달아 눈총을 받았던 일

- 제목 : 손

- 주제(생각) - 글감
  - 어머니 손은 약손이다.
    - 감기로 몹시 앓을 때 어머니가 손으로 이마를 짚어 주시면 덜 아팠던 일
  - 아버지 손은 요술쟁이다.
    - 고장 난 TV를 아버지가 땀 흘리며 고쳐 놓으시던 일
  - 왼손잡이를 억지로 고치려 하지 말았으면
    - 아침 식탁에서 왼손잡이인 나와 그것을 고치시려는 아버지와 한 판 승부를 벌였던 일

✱ 한 가지 제목에서 여러 가지 주제를 생각할 수 있고, 한 가지 주제를 가지고도 여러 가지 글감을 찾을 수 있습니다.

2. 잘된 글과 그렇지 못한 글

생활문에는 자기의 생각과 느낌이 들어 있어야 합니다. 사실만 늘어놓으면 설명하는 글이 되고 맙니다. 또한 자세히 쓰고 대화도 끼워 넣으면 좋습니다.

보기1　　재미없는 글

전　　화

우리집에는 전화기가 두 대 있다. 한 대는 안방에, 또 한 대는 거실에 있다. 전화가 오면 똑같이 벨이 울린다. 전화기는 두 대라도 번호가 같기 때문이다. 어떤 때는 아버지와 어머니가 안방과 거실에서 함께 받으신다. 어머니는 아버지 보고 수화기를 놓으라고 소리치시고 아버지는 어머니 보고 수화기를 놓으라고 소리치신다. 그러다가 다투기도 하신다. 우리집 전화는 자주 벨이 울린다. 대부분 어머니께 오는 전화다. 아버지는 그게 불만이시다.

<table><tr><td>보기2</td><td>잘된 글</td></tr></table>

전   화

  일요일 아침, 조용하던 우리집에 요란하게 전화 벨이 울리기 시작했다.

  "따르릉, 따르릉, 따르릉……."

  나는 눈을 뜨고 가만히 귀를 기울였다. 하지만 전화를 받는 사람은 없었다. 벨은 계속 울리고 있었다. 가만둘까 하다가 벌떡 일어나 거실로 나갔다. 수화기를 얼른 집어 들었다.

  "여보세요?"

  송화기에 대고 시큰둥한 목소리로 입을 열었다.

  "삼덕동인데요."

  내 귀에 들려 오는 목소리가 낯익은 소리였다.

  '누구지?'

  이상하게 생각하며 한번 더 물었다.

  "여보세요?"

  "애야, 수화기를 놓으렴. 엄마 전화란다"

  상대방이 누군지도 미처 모르는 가운데 엄마는 안방에서, 나는 거실에서 동시에 전화를 받은 것이었다.

  (아래 줄임)

✱ 〈보기1〉은 설명이고 〈보기2〉는 겪은 일을 실감나게 그려 내고 있습니다. 대화는 가급적 직접 대화로 쓰고, 대화 속에는 그 지방 특유의 사투리를 써서 재미를 더 할 수도 있습니다.

손

　사람에게는 오른손, 왼손, 이렇게 두 개가 있다. 많은 사람들은 밥 먹을 때, 글씨를 쓸 때 오른손을 쓴다. 오른손을 주로 쓰는 사람은 '오른손잡이'라고 말하지 않는다. 그런데 나처럼 왼손을 주로 쓰는 사람은 특별히 '왼손잡이'라고 부른다. 나는 왼손잡이다. 밥 먹을 때마다 아버지께서 오른손으로 밥을 먹으라고 하신다. 또 학교에 가면 선생님께서 오른손으로 글씨를 쓰라고 하신다. 노력해 보지만 잘 안 된다.

(아래 줄임)

손

　"민구야 또, 또, 오른손으로"
또 아버지의 간섭이 시작 되었다. 식탁에 앉으면 언제나 듣는 듣기 거북한 소리였다.
　"예, 오른손"
나는 왼손에 쥐었던 숟가락을 오른손으로 옮겨 쥐었다.
　"재는 누굴 닮아 왼손잡이야. 나 참"
어머니가 한 술 더 뜨셨다.
　"어머니 그럼 저는 다리 밑에서 주워 왔어요?"
　"쓸데없는 소리."
아버지가 한마디 하셨다.
　"아버지, 저 그만 왼손잡이 하면 안 될까요?"
　"어림없는 소리, 연습하면 돼,"
아버지는 정말 어림없다고 하신다.

(아래 줄임)

3. 글의 시작

글은 시작이 눈길을 끌면 끝까지 읽힐 확률이 높습니다. 그러므로 '글을 어떻게 시작할까?' 가 매우 중요합니다.

1 대화로 시작하기

> "선생님, 안녕히 계십시오."
> 큰소리로 인사를 하고 단거리 육상 선수처럼 뛰어 운동장으로 나왔다. 오후의 햇살이 제법 따뜻하게 느껴졌다.
> (아래 줄임)

2 사람으로 시작하기

> 김이 모락모락 피어 오르는 떡볶이 장수 앞에 꾀죄죄한 차림으로 입을 헤 벌린 채 서 있는 민철이가 눈에 띄었다. 성큼성큼 그의 옆에 다가선 나는 마치 선생님처럼 헛기침을 하였다. 깜짝 놀란 민철이가 고개를 돌렸다.
> (아래 줄임)

3 장소로 시작하기

> 비집고 들어설 틈도 없는 백화점 입구에서였다. 온통 머리만 보이는 그 사이로 눈에 익은 머리가 다가왔다.
> (아래 줄임)

4 시간으로 시작하기

> 땅거미가 기어드는 어제 저녁 무렵이었다. 어머니 심부름으로 집에서 조금 떨어진 할머니 댁으로 가기 위해 현관을 나섰다.
> (아래 줄임)

5 흉내내는 말로 시작하기

> "멍, 멍, 멍멍."
> 골목길을 돌아 나오는데 갑자기 강아지 한 마리가 짖으며 뛰어 나왔다.
> "엄마야!"
> 나는 깜짝 놀라 소리를 지르며 담벼락에 붙어 섰다.
> (아래 줄임)

4. 글의 전개

약   속

㉮
　오늘 아침 식탁 앞에 앉은 내 마음은 들떠 있었다.
　내가 제일 좋아하는 조기 구이도 눈에 들어오지 않았다. 밥을 먹는 둥 마는 둥 하고는 일어섰다.

㉯
“너 오늘 왜 그러니? 그 좋아하는 조기도 안 먹고.”
어머니께서 이상하다는 듯이 바라보며 말씀하셨다.
“나 빨리 나가 봐야 한다구.”
“어디 가는데?”
“엄마는 모르셔도 돼요.”
나는 부리나케 밖으로 나왔다.

㉰
　철구와 약속한 시간이 30분 남았다. 9시 30분에 한국백화점 앞에서 만나기로 한 것이다.
　‘지금 버스를 타면 꼭 맞게 갈 수 있겠지.’
　속으로 생각하며 버스를 기다렸다. 그러나 내가 타야 할 버스는 좀처럼 오지 않았다.

㉱ － 점점 불안해지기 시작했다.

(아래 줄임)

약 속

㉓
  철구와 약속한 시간이 30분 남았다. 9시 30분에 한국백화점 앞에서 만나기로 한 것이다.
  '지금 버스를 타면 꼭 맞게 갈 수 있겠지.'
  속으로 생각하며 버스를 기다렸다. 그러나 내가 타야 할 버스는 좀처럼 오지 않았다.

㉑
  오늘 아침 식탁 앞에 앉은 내 마음은 들떠 있었다.
  내가 제일 좋아하는 조기 구이도 눈에 들어오지 않았다. 밥을 먹는 둥 마는 둥 하고는 일어섰다.

㉒
  "너 오늘 왜 그러니? 그 좋아하는 조기도 안 먹고."
  어머니께서 이상하다는 듯이 바라보며 말씀하셨다.
  "나 빨리 나가 봐야 한다구."
  "어디 가는데?"
  "엄마는 모르셔도 돼요."
  나는 부리나케 밖으로 나왔다.

㉔ – 점점 불안해지기 시작했다.

(아래 줄임)

약　　속

(가)
오늘 아침 식탁 앞에 앉은 내 마음은 들떠 있었다.
내가 제일 좋아하는 조기 구이도 눈에 들어오지 않았다. 밥을 먹는 둥 마는 둥 하고는 일어섰다.

(나)
"너 오늘 왜 그러니? 아침 밥도 다 안 먹고."
어머니께서 이상하다는 듯이 바라보며 말씀하셨다.
"나 빨리 나가 봐야 한다구."
"어디 가는데?"
"엄마는 모르셔도 돼요."
나는 부리나케 밖으로 나왔다.

지난 일 끼워 넣은 글

지난 겨울 방학 때의 일이었다. 빙상장에 가려고 철구와 오후 2시에 버스 정류장에서 만나기로 전화로 약속하였다. 점심을 먹는데 아버지로부터 전화가 왔다.
"상수야, 너 바쁘냐?"
"점심 먹고 나가려고 하는데요."
"조금 급한 일이다. 아버지가 장롱 위에 있는 서류를 잊어버렸구나. 그것 좀 갖다 주겠니?"
나는 할 수 없이 아버지께 빠르게 갖다 드리지 않을 수 없었다. 그 바람에 약속 시간이 30분이나 늦어 버렸다. 버스 정류장에는 철구 그림자도 보이지 않았다. 그날 저녁 나는 전화로 철구에게 허리를 굽혀 가며 사과를 해야 했다.

(다)
철구와 약속한 시간이 30분 남았다. 9시 30분에 한국백화점 앞에서 만나기로 한 것이다.
'지금 버스를 타면 꼭 맞게 갈 수 있겠지.'
속으로 생각하며 버스를 기다렸다. 그러나 내가 타야 할 버스는 좀처럼 오지 않았다.

(라) ─ 점점 불안해지기 시작했다.

(아래 줄임)

5. 글의 마무리

생각이나 느낌은 글 속에서 지문으로, 혹은 대화로 나타내면 됩니다. 글 끝에 교훈적인 문장을 덧붙이는 것은 재미없는 글로 만들 수 있습니다.

보기1

전화는 우리에게 참으로 편리한 것이다. 고마운 전화를 사용할 때 우리는 예절을 잘 지켜야 한다.

보기2

약속은 중요한 것이다. 지키지 못할 약속은 아예 안 하는 것이 낫다. 약속은 꼭 지켜야 한다.

✽ 위와 같은 글의 마무리는 너무 교훈적입니다. 글의 전개 부분에 이와 같은 느낌이 들도록 표현해야 합니다.

보기3

갈색 얼굴에 동그란 숫자로 치장한 전화가 나를 보며 싱긋 웃는 것 같았다.
'나를 예뻐해 줘.'

보기4

하늘을 쳐다보며 나는 중얼거렸다.
"내가 왜 이럴까? 내일 이 친구 잔소리를 어떻게 견딜까?"

6. 생활문 쓰기의 실제

(1) 제목 : 자랑

> **주 제** 자랑이 지나치면 흠이 된다.

> **글 감**
> - 국어 말하기 시간에 '우리집 자랑'을 했는데 그것 때문에 쉬는 시간이 떠들썩했던 일
> - 친구 사이에 말다툼이 일어났던 일

(2) 개요 짜기

글감이 된 사건을 재미있게 쓰기 위하여 글의 처음, 가운데, 끝 부분의 중요한 내용을 간단한 문장으로 나타내어 계획해 보는 것을 개요 짜기라 합니다.

〈짧은 문장으로 나타내기〉

처 음 - ① 국어 말하기 시간에 '우리집 자랑'을 했다.
가운데 - ② 먼저 희망하는 사람부터 시작했다.
　　　　③ 다음엔 앉은 차례대로 했다.
　　　　④ 내 차례가 되어 내가 했다.
　끝　 - ⑤ 국어 시간이 끝나자 쉬는 시간이 떠들썩했다.

(3) 자세히 쓰기

▶ ①부분 자세히 쓰기

> 가슴 졸이던 국어 말하기 시간이 되었다. 내 가슴은 계속 콩콩 뛰었다. 나는 남의 앞에 서서 말하는 것이 부끄럽기도 하고 두렵기도 하다.
> "자, 오늘 말하기 시간에는 어제 예고한 대로 자기 집 자랑을 해 보겠어요. 시간은 3분씩이에요."

▶ ②부분 자세히 쓰기

> "선생님 누구부터 해요?"
> 우리들은 합창하듯 소리질렀다. 그러자 선생님은 기다리신 듯 얼른 말씀하셨다.
> "우선 희망자부터 시작할게요. 자, 희망자 손드세요."
> "저요!"
> 선생님 말씀이 끝나자마자 경희가 힘차게 손을 들었다. 우리 반 얼짱이었다.
> "우리 집은요, 양옥입니다. 일층에 방이 4개 있고 이층에 방이 세 개나 있습니다. 우리 아버지는 사장이시고 어머니는 미장원 원장님이십니다."
> 아이들은 웃음띤 얼굴로 손뼉을 쳤다. 세 친구가 더 하고 난 후에는 희망자가 없었다.

"자, 그러면 희망자가 없으니 1분단 앞 자리부터 차례로 하기예요."

선생님의 말씀에 1분단 맨 앞 자리의 꼬마 선화가 엉거주춤 일어섰다.

"선생님, 우리집은 자랑거리가 없는데요."

기어드는 목소리로 선화는 겨우 말하고 앉아 버렸다.

"하하하하……."

아이들의 웃음소리가 교실을 흔들었다.

"자랑거리가 없어? 더 생각해 봐요. 마지막에 다시 해요. 그 다음."

선생님은 얼굴에 미소를 띠고 계셨다.

"우리집은 돈은 많지 않습니다. 아버지는 공사장에서 땀 흘려 일하시고 어머니는 집에서 뜨개질로 돈을 버십니다. 저는 이런 우리 아버지, 어머니가 자랑스럽습니다. 땀 흘려 일하고 그만한 대가를 받아 떳떳하게 사는 우리 식구 모두가 자랑입니다."

승수가 다음 차례를 이었다.

" 우리 가족은 한 달에 한번씩 양로원에 갑니다. 외로운 노인들의 말벗도 되어 드리고 빨래도 해 드립니다. 동생과 나는 할아버지, 할머니들께 재롱도 보여드리고 어깨도 주물러 드립니다. 우리 가족은 이 일을 즐겁게 하고 있습니다."

"그래요, 미진이네 부모님의 성실한 모습과 승수네의 봉사활동은 참으로 자랑스럽습니다."

선생님의 말씀에 우리들은 짝짝짝 손뼉을 쳤다.

▶ ④부분 자세히 쓰기

내 차례가 되었다. 얼굴부터 붉어지기 시작했다.
"동네 사람들은 우리집을 가리켜 '예절의 집'이라 부릅니다. 그것은
우리 아버지, 어머니, 저, 동생 모두가 언제나 공손하게 동네 분들
께 인사를 잘하기 때문입니다. 이렇게 인사를 잘하게 된 것은 순전
히 아버지 때문입니다. 제가 어릴 때 아버지 손을 잡고 밖에 나가면
아버지는 인사하기 바빴습니다. 그것을 매일 보고 자란 저도 언젠
가 모르게 아버지를 닮아 갔나 봅니다."
선생님께서는 고개를 끄덕이시며 이렇게 말씀하셨다.
"그래, 창수 부모님은 참으로 훌륭하셔요. 입으로 가르치는 것보다
몸으로 모범을 보이는 것이 얼마나 중요한가를 보여 주셨네요."

▶ ⑤부분 자세히 쓰기

국어 시간이 끝나고 쉬는 시간은 떠들썩했다.
"얘, 너는 그게 무슨 자랑이냐?"
"얘, 너는 자랑이 너무 고급스럽더라."
저마다 남의 자랑에 토를 달거나 비위에 거슬린다고 야단들이었
다.
'남의 자랑 좀 곱게 들어주면 안 되냐? 하기야 자랑 끝에 쉬 슨다
는 말도 있긴 하지만......'
나는 속으로 생각하며 자랑하기가 참 어렵다는 생각을 했다.

(4) 고치기

지금까지 쓴 글을 다시 소리내어 읽어 가며 빠진 내용, 뺄 내용,
빠진 글자, 틀린 글자 등을 찾아 고쳐야 올바른 글이 됩니다.

① 제목 : 컴퓨터

주 제

글 감

② 개요 짜기 (짧은 문장으로 나타내기)

처 음 - ㉠

가운데 - ㉡

㉢

㉣

끝 - ㉤

③ 자세히 쓰기

▶ ㉠부분 자세히 쓰기 (처음 - 시작)

▶ ⓛ부분 자세히 쓰기 (가운데 – 전개)

▶ ⓒ부분 자세히 쓰기

▶ ㉣부분 자세히 쓰기

▶ ㉤부분 자세히 쓰기 (끝 - 마무리)

④ 고치기 (퇴고하기)

남의 글을 읽는다는 생각으로 소리내어 읽어 보면 고칠 곳이 보입니다. 완전하게 고쳐졌으면 원고지에 정서를 합니다.

▶ 컴퓨터에서 워드로 직접 입력할 때도 원고지 쓰기 방법에 따라야 합니다.

✲ 위와 같은 방법과 순서로 아래 제목을 보고 한 편씩 생활문을 써 봅시다.

(자기 나름대로 다른 방법을 찾을 수 있으면 자기 방법으로 써 보는 것도 좋을 것입니다.)

제 / 목 / 보 / 기

· 장갑	· 국화	· 나비	· 책상
· 식탁	· 솜사탕	· 쪽지	· 내 방
· 찰흙	· 화분	· 양말	· 모자
· 놀이터	· 얼음	· 해돋이	· 보름달
· 새벽	· 자전거	· 농구	· 야구
· 낚시	· 가족 소풍	· 수박	· 연필
· 도화지	· 시험	· 할아버지	· 휴지
· 손수건	· 신문	· 노래	· 춤

넷째마당

시 (시조)

1. 시 감상

긴 글(산문)이 사물이나 사건을 자세하게 실감나게 그려 내는 글이라면 시(운문)는 가장 중요한 부분이나 생각, 느낌들을 간추려서 짧게 나타내는 글입니다. 짧은 시 한 편을 산문으로 풀어 쓰면 그 분량은 엄청나게 많아집니다. 거꾸로 말하면 엄청난 분량의 산문을 한 편의 시로 생략하고 간추려 낼 수 있다는 말입니다.

시를 짓기 전에 먼저 재미있는 시를 읽고 시와 친해질 수 있는 기회를 많이 가져야 합니다.

보기1

주사 맞던 날

예방 주사 놓으려고
의사 선생님이 들어오시자

왁자한 교실 안이
금세 꽁꽁 얼어붙고

차례를
기다리는 가슴이
콩닥콩닥 방아 찧는다

뾰족한 바늘 끝이
반짝하고 빛날 때면

다른 아이 비명 소리에
내 팔뚝이 더 아프고

주사를
맞기도 전에
유리창에 내 눈물이…….
(4-1 국어 '읽기')

사람마다 다르겠지만 내 살갗을 뚫고 쿡 찌르는 주사 바늘을 생각하면 겁이 절로 납니다. 예방 주사 놓으러 들어오시는 의사 선생님의 모습이 무섭기만 했던 기억이 떠오릅니다. 남이 주사 맞는 것을 보는 것은 내가 맞는 순간보다 훨씬 더 아프게 느껴집니다. 조용해진 교실을 '꽁꽁 얼어붙고'라고 한 것이나 내가 주사를 맞지도 않았는데 남이 맞는 것을 보는 순간을 '내 팔뚝이 더 아프고'라고 한 것은 우리들의 보이지 않는 마음까지도 눈으로 보듯 실감나게 나타내어 주고 있습니다.

벽에 걸린 그림

안 정 아

우리집 응접실 벽에
동양화 하나

우뚝 솟은 바위 산
무성한 나무

물이
쏟아져 내리고
어디서 짹짹
새소리가 들려 온다

아!
시원하다
그림 속을 가 봤으면…….

벽에 걸린 동양화(한국화) 한 점을 글감으로 시를 지었습니다. 그림의 내용이 눈에 선하게 보입니다. 먹으로 그린 산수화 속에 바위 산이 보이고 무성한 나무가 보입니다. 바위를 씻으며 쏟아져 내리는 물, 그 속에서 새소리를 들을 수 있는 것이 시를 쓰는 사람의 귀입니다. 그리고 그것을 보며 시원함을 느낄 수 있는 것이 시를 쓰는 사람의 마음입니다. 그림 속의 풍경이 아름다워 그 곳에 가 보고 싶은 마음이 문득 듭니다. 주위의 사물 모두가 시의 글감이 될 수 있음을 잘 보여 주는 시입니다.

2. 형식, 표현 방법

(1) 형식

시는 행과 연으로 이루어집니다.

아 침 해

4년   이 미 애

둥근 아침 해 · · · · · · · · · · · · · · · · · · ·행 ┐
붉게 바다를 물들이고 · · · · · · · · · · ·행 ┤ 연
동산에 뛰어올라 · · · · · · · · · · · · · · ·행 ┘

비잉
동네를 한바퀴   ┤ 연
보고는

"응! 철수는 아침 체조를 시작했군."   ┤ 연
"돌이는 아직 이불 속에서 쿨쿨."

창마다 한 아름   ┤ 연
햇빛을 던져 주고

이슬 속속 들어가
무지개 색   ┤ 연
고운 빛.

위 시는 1연이 3행, 2연이 3행, 3연이 2행, 4연도 2행, 5연이 3행으로 이루어졌습니다. 따라서 이 시는 5연 13행입니다. 시에서 연은 산문에서 문단과 같다고 생각하면 될 것입니다.

(2) 표현 방법

　생각이나 느낌은 모양이 없습니다. 모양 없는 생각이나 느낌을 눈에 보이게 나타내려고 여러 가지 방법을 활용하고 있습니다.

① 빗대어 나타내기 (비유)

| 아버지 이마엔
쏟아지는 땀 | → | 아버지 이마엔
비오듯
쏟아지는 땀 |

| 한낮에도
잠만 자는 동생 | → | 한낮에도
밤인양
잠만 자는 동생 |

| "합격
선생님의 맑은 목소리
가벼워진 내 마음 | → | "합격"
선생님의 맑은 목소리
하늘까지 오를 듯
가벼워진 내 마음 |

| 내가 부른 노래는
동시가 된다
마음과 마음을 적셔 주는
생각이 된다 | → | 내가 부른 노래는
동시가 된다
맑게 차고 넘치는
옹달샘처럼
마음과 마음을 적셔 주는
생각이 된다 |

가을 하늘은
푸른 바다

선생님은
어버이

비가 오면
호박잎들은
우산이 된다

어머니 등은
잠밭입니다

동생의 눈은
맑은 호수
잔잔하고 깨끗한
맑은 호수

동그란 연못에
동그라미를 그린다.
하얀 오리 떼
꽤액 꽤액
뱃고동 울리며
햇살이 타고 가는
새하얀 유람선

아버지는
산이시다
높고 큰 산

• 오리 떼가 유람선으로 빗대어 표현됨.

✱ 다음 구절에 알맞게 빗댄 표현을 해 봅시다.

하늘엔
흰구름

➜

하늘엔

흰구름

풍선을 날리면
날아간다

➜

풍선을 날리면

날아간다

바람도
무럭무럭 자라나 봐

→

바람도

무럭무럭 자라나 봐

아버지
고함소리

→

아버지

고함소리

전화는

겨울 나무는

구름 낀 하늘은

산은

두둥실 보름달은

눈 온 날 아침

동생의 눈은

하이얀 목련꽃

② 사람으로 생각하여 나타내기 (의인화)

바람이 살짝
스치며 지나가도

하나 둘
볼우물이 패인다

해님이 잠깐
앉았다 가도

동그란
미소를 짓는다

〈연못〉

개나리는
언제나
노랗게만 웃는다

아이들이 손바닥에
흙 모래를 담으면
흙 모래는
신바람이 나네

새싹이 쏘옥 눈뜰 수 있게
빗장문 열어 주는 흙

✳ 다음의 대상을 사람으로 생각하고 나타내어 봅시다.

눈바람이
내 방 창문을

느티나무
넓찍한 그늘

창문을 여니
아침 햇살이

네거리
신호등은

컴퓨터가

가을 산은

③ 되풀이(반복)하여 나타내기

<table>
<tr><td>

날릴듯
날릴듯
까딱까딱

</td><td>

보여 줄까 말까
보여 줄까 말까
겨우내 써 모아 둔
가슴 시렸던 사연

</td></tr>
<tr><td>

기다려 주어야지
기다려 주어야지
손에 진땀 흘리며
기다렸는데

</td><td>

달팽이는
달팽이는
집을 지고 다니는
달팽이는

</td></tr>
</table>

④ 과장(지나치게 크게, 많이)하여 나타내기

<table>
<tr><td>

기름띠에 뒹구는
어린 물개 두 마리
불 땡볕에 퍼덕이며
살려 달란다.

</td><td>

시를 썼다
백조를 타고
바다를 훨훨
지글지글 끓어 오르는
남태평양

</td></tr>
<tr><td>

자, 여기를 보세요
아카시아 나무는
일제히 꽃망울
플래시를 터뜨리고

</td><td>

허한
가슴에
불같은
손짓
손짓   〈첫눈〉

</td></tr>
</table>

⑤ 순서 바꿔 나타내기

<table>
<tr><td>로댕 전시장에 갔다.
'생각하는 사람' 은
무엇을 생각하고 있을까?</td><td>➡</td><td>로댕 전시장에 갔다.
무엇을 생각하고 있을까?
'생각하는 사람' 은</td></tr>
<tr><td>키 큰 해바라기
마구 꺾여
누웠다.</td><td>➡</td><td>마구 꺾여
누웠다.
키 큰 해바라기</td></tr>
<tr><td>몸이 날씬해서
코스모스는
참 좋겠다.</td><td>➡</td><td>코스모스는
참 좋겠다.
몸이 날씬해서</td></tr>
</table>

✽ 다음 시의 한 구절 (혹은 연) 을 순서 바꿔 나타내어 봅시다.

<table>
<tr><td>가을 바람이
살랑살랑
불어오면</td><td>➡</td><td></td></tr>
<tr><td>교문 앞
은행나무 한 그루
누가 그려 놓았을까?</td><td>➡</td><td></td></tr>
<tr><td>가을은
살며시
숨어서 온다.</td><td>➡</td><td></td></tr>
</table>

3. 좋은 시, 그렇지 못한 시

다음 시를 읽어 보며 머리 속에 시의 내용이 한 폭의 그림으로 그려지는 쪽과 그렇지 못한 쪽을 가려 봅시다. 그리고 그 이유를 생각해 봅시다.

공책

공책은 바보야
내가 얼굴에 낙서를 해도
암말도 못하고

공책은 바보야
내가 찢어서 딱지를 만들어도
가만 있고

공책

공책을 열면
여기 저기 낙서들이
멀뚱 멀뚱
나를 바라본다.

"내가 왜 여기 있어?"
그럴 때마다
지우개를 부른다.

하지만
며칠 후면
되돌아와 있는 낙서들

놀이터

놀이터는 요술쟁이
아이들을 얼마든지
뛰놀 수 있게 하고
아이들에게
꿈과 희망을 심어 준다.
놀이터는
정말정말 요술쟁이

놀이터

그네를 타면
하늘에 오르고

시소를 타면
친구를 바라본다.

느티나무
넓은 그늘이
바람을 데리고 와

우리들의 땀을
씻어 준다.

4. 남의 시 고쳐보기

아버지

아버지가 담배를 피우시며
재떨이 가져오라시면
얼른 내가 갖다 드린다.

신문을 보고 싶으시면
신문을 가져오라신다.
그러면
어머니가 얼른
신문을 갖다 주신다.

우리 식구는 모두
아버지의 심부름꾼이 된다.

아버지

"재떨이 이리 오너라."
"재떨이 여기 있어요."
내가 갖다 드린다.

"신문 이리 오너라."
"신문 여기 있어요."
어머니가 갖다 드린다.

아버지는 앉아서
명령만 하신다.

❋ 위와 같이 실감나게 다음 시를 고쳐 써 봅시다.

추 석

송편 먹는 추석
성묘하는 추석

온 가족이 모여
즐겁게 지내고
밤에는
보름달을 쳐다봐요.

추 석

비

오늘은 비가 와서
우산을 가지고 갔다.

체육도 못하고
옷도 젖었다.

비오는 날은
정말 싫다.

바람

흙먼지 날려 놓고
달아나는
바람은
심술쟁이.

겨울에는
찬 바람
여름에는
더운 바람
바람은 요술쟁이.

5. 시 짓고 고치기

시를 짓는 방법, 순서는 사람마다 다릅니다. 여기서는 그 중 한 가지를 〈보기〉로 보입니다. 각자 자기에게 맞는 방법, 순서를 발견하고 터득하면 좋을 것입니다.

(1) 제목 – 어머니

(2) 주제 정하기 – 어머니의 두 얼굴

(3) 글감 (소재) 정하기 – 언제나 다정하시던 어머니가 동생과 싸운 날은 무섭게 변했던 일

(4) 문장으로 자세히 써 보기

- 어머니는 학교에 갔다 오면 언제나 웃음띤 얼굴로 맞이했다.
- 컴퓨터를 먼저 하려다 동생과 싸웠다.
- 어머니는 화가 나셨고 머리에서 연기가 났다.

(5) 시의 행, 연으로 고쳐 쓰기

어머니는
학교에 갔다 오면 언제나
웃음띤 얼굴로 맞이했다.

컴퓨터 먼저 하려다
동생과 싸웠다.

어머니는
화가 나셨고
머리에서 연기가 났다.

(6) 지워도 될 부분 지우기

학교 갔다 오면
언제나
웃음띤 얼굴.

컴퓨터 먼저 하려다
동생과 싸웠다.

어머니
화가 나셨고
머리에서 연기가 났다.

(7) 다시 고치고 순서도 바꿔 보기

학교 갔다 오면
"인제 오니?"
언제나
웃음띤 얼굴

"내가 먼저"
"시끄러워, 내가 먼저"
동생과 컴퓨터 놓고
싸울 땐

불같이
화난 어머니
머리에서는 연기가 난다.

✽ 다음 제목을 보고 위 방법과 순서로 시를 지어 봅시다.

(1) 제목 ▶ 생일

(2) 주제 정하기 ▶ ___________________________

(3) 글감 (소재) 정하기 ▶ ___________________________

____

(4) 문장으로 자세히 써 보기

-
-
-
-

⬇

(5) 시의 행, 연으로 고쳐 쓰기

⬇

(6) 지워도 될 부분 지우기

(7) 다시 고치고 순서도 바꿔 보기

6. 시조 감상, 형식

시조는 우리 조상들이 즐겨 짓던 우리 나라 고유의 시 형식입니다. 먼저 시조를 감상해 봅시다.

(1) 시조 감상

첫서리 온 날

그림 물감 풀어 그린 시원한 그림같은
늦가을 이른 아침 시린 손끝 뽀얀 입김
첫서리 빛나는 햇살 가지 끝에 달린 홍시.

구름 한 점 없이 맑은 늦가을 이른 아침, 하얀 서리가 곱게 내린 시골집을 상상하면 수채화 같다는 생각을 하게 됩니다. 거기에 집 앞 감나무 가지 끝에 달랑 남은 홍시 한 개는 까치밥이라 합니다. 감을 따면서 다 따지 않고 한 개쯤은 까치가 먹을 수 있게 남겨 두는 시골 인심이 느껴지는 풍경입니다.

개나리

겨울 달력 깊숙이에 찾아 든 볕살 몇 올
개나리 철 잃은 가지 앞 뜨락에 눈을 뜨네
어쩌나 노오란 종소리 아직 봄은 멀기만 한데.

이른 봄에 피는 개나리 꽃이 요즘은 겨울에도 핍니다. 추위 속에도 따뜻한 날씨 따라 간간이 피어나는 개나리 꽃을 보면 반갑기도 하지만 안타깝기도 합니다. 얼면 어쩌나, 봄은 아직 멀었는데…… 정작 봄에 안 피면 서운해서 어쩌나, 여러 가지 생각을 하게 됩니다. 사물을 볼 때 사랑을 가지고 보면 새로운 생각과 느낌을 얻을 수 있습니다.

(2) 형식

시조는 일정한 형식을 가지고 있습니다.

가을날

비파산 볼을 밝혀 들창 밖에 다가서면 ·········· 초장
3 (4)   4 (3)   3 (4)   4 (3)

코스모스 피는 길섶 박꽃 하얀 고향 집에 ·········· 중장
3 (4)   4 (3)   3 (4)   4 (3)

등 너머 노을 안으신 할머니도 보인다 ·········· 종장
3   5 ~ 9   4 (3)   3 (4)

시조는 초장, 중장, 종장의 삼 장으로 이루어집니다. 시에서 말하면 연과 같다 할 것입니다. 한 장은 네 구로 이루어집니다. 각 구는 3자 혹은 4자로 이루어집니다. 한 자 정도는 많아도, 모자라도 됩니다. 위의 시조에서 밑줄 아래 써 놓은 숫자가 그것입니다. 다만 종장 첫 구 □한 부분은 반드시 3자라야만 되고___한 둘째 구는 5자 이상 9자 이하이어야 한다는 약속이 있습니다.

7. 시조 짓고 고치기

표현하는 방법이나 짓는 순서는 시와 같습니다. 다만 글자 수를 맞춰야 하는 것이 다를 뿐입니다.

(1) 제목 – 운동장

(2) 주제 정하기 – 힘차게 뛰어 노는 우리들의 즐거움

(3) 글감 (소재) 정하기 – 점심 시간에 축구 하다가 공 대신 신발이 골대로 날아 들어갔던 일

(4) 짧은 문장으로 나타내기

(시조이기 때문에 3개의 문장으로)

- 점심 시간에 축구 하다가 내가 슛을 날렸다.
- 함성과 웃음소리 끝에 바라보니 내 신발이 들어갔다.
- 공은 멍하니 제자리에 앉아 나를 보고 웃었다.

(5) 글자 맞춰 3장으로 만들기

점심 시간 축구 하다 내가 슛을 날렸다.
함성과 웃음소리 바라보니 신발 골인
멍하니 제자리에 앉은 공이 나를 쳐다봤다.

↓

내가 슛을 날렸다. 점심 시간 축구 하다
바라보니 신발 골인 함성 속에 웃음소리
멍하니 주저앉은 공 "네가 나를 놀렸지."

✽ 위와 같은 방법과 순서로 시조를 지어 봅시다.

(1) 제목 ▶ 시장

(2) 주제 정하기 ▶

(3) 글감 (소재) 정하기 ▶

(3개의 문장)

-
-
-

↓

↓

(6) 고치고 순서도 바꿔 보기 (퇴고)

✽ **다음 제목을 보고 위 순서와 방법으로 시조를 지어 봅시다.**

제 / 목 / 보 / 기

· 거미줄	· 밤길	· 어버이날	· 연필
· 김치	· 떡볶이	· 새 옷	· 감기
· 연필깎이	· 필통	· 별	· 냉장고

1. 잘된 글과 그렇지 못한 글

책을 많이 읽는 것은 참으로 좋은 일입니다. 책을 읽으면 새로운 정보도 얻지만 때로는 큰 감동과 즐거움을 얻을 수 있습니다. 또한 그 속에서 우리들이 살아가는 올바른 마음가짐과 문제 해결의 방법도 얻을 수 있습니다. 그것은 책의 내용만으로써가 아니고 읽는 동안 자신의 생각과 느낌을 새롭게 창조해 내기 때문입니다.

독후감상문 쓰기는 이런 효과를 더욱 크게 해 줍니다.

보기 1

'행복한 왕자' 를 읽고

○ ○ ○

동기┌ 지난 여름 방학 때 우연히 도서관에 갔다가 '행복한 왕자' 라는
└ 책을 읽게 되었다.

줄거리┌ 영국의 어느 도시 한복판에 '행복한 왕자' 라 불리는 동상이 있었다. 금, 루비, 사파이어 등 귀중한 보석으로 치장된 동상이었다. 슬픈 것이라고는 조금도 몰랐던 왕자가 납으로 된 심장을 가지고 세상을 보니 불쌍하고 슬픈 사람이 참으로 많다는 것을 알게 되었다. 어느 날 제비가 날아오자 제비에게 부탁하였다. 자기 몸에 붙어 있는 보석을 떼서 소녀의 병을 고치려 애쓰는 어머니께 갖다 드리고, 다음에는 눈을 떼어 불쌍한 사람에게 갖다 주라고……. 이렇게 왕자의 몸을 하나 하나 떼어 가난한 사람들에게 날라 주던 제비는 따뜻한 곳으로 가기를 포기하고 왕자 곁에 있기로 했다. 결국 제비는 왕자의 치장에 쓰였던 보석을 다 날라 주고 왕자 곁에서 죽게 되었다. 사람들은 돌밖에 남지 않은 동상을 깨뜨리고 심장을 쓰레기통
└ 에 버렸다. 그러나 하느님께서 거두어 행복하게 살게 되었다.

느낌┌ 나는 이 책을 읽고 왕자와 제비의 아름다운 마음씨에 큰 감동을
└ 받았다.

✽ 위 글은 읽은 동기, 줄거리, 느낌을 구분하여 차례로 쓴 것입니다. 이런 글은 독서 기록이라고 할 수 있습니다.

아름다운 마음씨

– '행복한 왕자'를 읽고 –

○ ○ ○

지난 여름 방학 어느 날 놀기 삼아 친구와 함께 집에서 멀지 않은 도서관에 갔었다. 열람실에 들어가 서가를 구경하다가 발견한 책이 '행복한 왕자'였다. 요즘 공주병, 왕자병이 유행하기 때문에 한번 읽어 보고 싶었다.

청동과 돌로 만든 왕자의 동상을 귀한 보석으로 잔뜩 치장 해 놓았으므로 시민들은 '행복한 왕자'라고 불렀다 한다. 그 도시 사람들은 참으로 정직하다. 우리 나라 같았으면 하룻밤 새에 그 보석은 온데간데 없이 사라지고 말았을 것이다.

행복한 왕자가 주위의 어렵고 힘들게 사는 사람들의 모습에 관심을 가지게 된 것은 큰 다행이다. 마침 어깨 위에 날아와 앉은 제비에게 부탁하여 그 어려운 사람들에게 자기의 치장에 쓰인 보석들을 하나 하나 떼어 갖다 주라고 한다. 이 왕자의 마음이 하느님이다, 아니 예수님이고 부처님이다. 우리 인간도 저리 닮아 갈 수 없을까? 자기 것을 움켜 쥐고 남의 것을 뺏으려고 눈이 시뻘건 사람들, 생각만 해도 소름이 끼친다. 제비도 왕자의 아름다운 마음씨에 감동하여 떠나지 못하고 결국 왕자 곁에서 죽게 된다.

(아래 줄임)

✱ 책을 읽은 동기도 사실대로 재미있게 나타내고 글의 내용 중 감명 깊었던 장면, 사건을 중심으로 자기의 생각과 느낌을 함께 나타내는 글이 재미있고 감동적인 글이 됩니다. 밑줄 친 부분이 글쓴이의 생각이고 느낌입니다.

2. 글의 시작

독후감상문의 시작은 대개 읽은 동기가 됩니다. 하지만 그 순서가 달라질 수도 있습니다.

보기 1

흑인도 사람인데
– '톰 아저씨네 오두막' 을 읽고 –

○ ○ ○

'사실 나도 흑인은 무섭다.'
　이런 생각을 하면서도 미국 남북 전쟁의 동기가 되었다는 이 책에 관심이 많았다.

보기 2

우리 글의 아버지
– '세종 대왕' 을 읽고 –

○ ○ ○

　지난해 한글날 우리 교실에서는 세종 대왕에 대한 토론이 있었다. 그 일주일 전 나는 효과적인 토론을 위해 '세종 대왕' 을 꼼꼼히 읽었다.

보기 3

선비가 장사꾼으로
– '허생전' 을 읽고 –

○ ○ ○

　우리의 고전을 읽으라고 권하시는 선생님의 말씀을 따라 '허생전' 을 골랐다. 양반, 선비, 장사꾼, 조선 시대의 사회 모습이 환히 보이는 듯 했다.

3. 글의 전개

✽「글의 시작」에 보인 〈보기〉1, 2, 3에 이어 쓸 부분의 보기글

보기 1

흑인도 사람인데
– '톰 아저씨네 오두막' 을 읽고 –

○ ○ ○

　　읽어 나가면서 나는 자꾸 눈물이 나는 것을 참을 수 없었다. 세상에 소나 개를 팔아도 그 주인은 한참 동안 서운한 것인데 하물며 한 집에서 일을 시키던 사람을 팔다니, 인종 차별이란 말은 들어 보았어도 사람을 개나 돼지처럼 판다는 것은 처음 알았다. 그것도 아버지 따로, 어머니 따로, 아들 따로 팔려 간다는 것은 감히 생각도 못한 일이다.

(아래 줄임)

보기 2

우리 글의 아버지
– '세종 대왕' 을 읽고 –

○ ○ ○

　　옛날 선비 집안은 그 자식의　한문 교육에 정성을 쏟았다. 과거에 급제하고 벼슬자리에 나아가는 것이 목표였다. 하물며 한 나라의 왕이 되려는 왕자에게야 그 교육이 어떠했겠는가는 말 안 해도 알 일이다. 세종 대왕은 유독 글 읽기를 좋아했다. '될성부른 나무는 떡잎부터 알아 본다' 는 속담이 딱 맞다. 임금이 되고부터 세종 대왕은 우리말을 적는 우리 글자가 없어 고생하는 백성들을 생각하고 우리 글자 연구를 신하들에게 명하였다. 나라 다스리는 사람들의 마음이 모두 이와 같다면 얼마나 좋을까?　　　　　(아래 줄임)

선비가 장사꾼으로

– '허생전'을 읽고 –

○ ○ ○

　　조선 시대는 양반들의 천국이었다. 하인을 두어 집안일을 다 시키고 농민들에게 소작을 시켜 배불리 먹었다. <u>그런 양반이 많았던 조선 시대 농민들이나 일반 백성들의 고생은 불을 보듯 뻔한 일이었다.</u> 허생이란 선비도 책 읽기만 하고 있어 살림이 어려우니 마누라가 잔소리를 했다. <u>마누라의 잔소리는 예나 지금이나 변함이 없는 것 같다.</u> 그러나 허생은 마누라 잔소리를 흘려 버리지 않았다. 변 부잣집에 가서 일만냥을 빌렸다. <u>변 부자는 대단한 사람이다. 사람만 보고 서슴없이 그 많은 돈을 빌려 주는 일은 참으로 어렵다. 잘못하면 떼이고 마니까.</u>

(아래 줄임)

✷　밑줄 친 부분은 글쓴이의 생각과 느낌입니다. 책의 내용 중 감명깊은 부분과 자기의 생각, 느낌이 잘 버무려져야 합니다.

4. 글의 마무리

✽ 「글의 전개」에 보인 〈보기1,2,3〉의 마무리 보기글

보기 1

지금도 미국에는 인종 차별이 있다고 한다. 퍽 잘못된 일이다. 민주주의가 발달한 나라에서 있을 수 없는 일이다. 인종 차별은 전쟁을 부른다. 평화로운 세계가 되려면 모두 하나가 되어야 한다.

보기 2

요즘 우리 나라에는 외국어, 그 중에서도 영어 열풍이 불고 있다. 세계화 시대에 외국어를 알아야 하는 것은 좋다. 그렇지만 너무 심하다. 우리말, 글도 바르게 배우지 못한 꼬마들이 영어 학원에 몰려드는 것을 보면 안타깝다. 세종 대왕이 통곡할 일이다.

보기 3

허생을 통하여 선비 제일의 사회를 농사짓고, 장사하고, 물건 만드는 사람도 존중하는 사회로 만들고자 하는 박지원의 생각을 읽을 수 있었다. 하지만 요즘 같으면 매점매석으로 처벌 받아야 하지 않을까?

5. 여러 가지 형식의 독후감상문

앞에서 〈보기〉를 보인 것은 모두 생활문, 수필 형식의 독후감상문입니다. 이외에도 여러 가지 형식으로 쓸 수 있습니다.

(1) 편지 형식

창남이에게

– '만년 샤쓰'를 읽고 –

○ ○ ○

　요즘은 겨울에도 개나리가 피는구나. 아마 옛날만큼은 춥지 않은가 봐. 나는 대한초등 4학년 김상하라고 해. 시대는 다르지만 너의 그 웃기는 성격이 마음에 든다. 요새 같으면 코미디언으로 뜰 수 있을 텐데 아쉽다. 너는 남의 눈을 의식하지 않는 자존심이 강한 아이구나. 떨어진 구두를 형겊으로 싸매고 또 새끼로 감아 매고도 예사로이 길을 걷는 너를 생각하면 웃음이 절로 난다. 그 웃음 속에는 따뜻한 네 마음도 함께 느낄 수 있어.

(아래 줄임)

　너의 그 유머와 남을 배려하는 따뜻함과 효성스런 마음 모두 내가 가지고 싶다.

　내가 가져도 되지? 잘 있어.

○○○○년　○월　○일

김상하 씀

✽ '샤쓰'는 지금 '셔츠'로 쓰고 있습니다.

(2) 시 형식

국어 사랑 나라 사랑
　　　- '마지막 수업'을 읽고 -
　　　　　　　○ ○ ○

늘
내일로 내일로
미루던
프랑스어 공부

마지막 수업 시간
후회해도 소용이 없다

나라 빼앗긴 민족
말과 글도 빼앗기고

일제 식민지 서른 다섯 해
우리도 겪은 일

나라 지키는 열쇠
우리 말, 글
꽉 잡고 놓지 말아야지.

✿ 이 밖에 일기 형식으로 쓸 수도 있습니다.

6. 독후감상문 쓰기의 실제

(1) 읽은 책 : 톰 소여의 모험

(2) 제목 정하기 (주제를 생각하면서)

　　제목 : 지혜를 일구는 아이들

(3) 짧은 문장으로 나타내기 (개요 짜기)

> - 처　음 – 답답한 기분을 날려버릴 모험 이야기를 찾다가 만났다.
> - 가운데 – 이모 집에 사는 톰은 꾀가 많았다.
> 　　　　　– 장난꾸러기에게도 사랑은 있었다.
> 　　　　　– 살인 사건을 목격하고 용기있게 보물을 찾고 죄를 벌했다.
> - 　끝　 – 자기의 장례식에 나타나 주위를 놀라게 한 톰은 정말 멋있는 아이였다.

(4) 자세히 쓰기

▶ 처음

> 　학교다, 학원이다, 빡빡한 하루하루가 힘들다. 스트레스가 쌓인다. '뭐 시원한 구석이 없을까?' 생각하다가 모험 이야기를 읽기로 결정했다. 마침 집에 '톰 소여의 모험'이 있었다.

▶ 가운데

* 　우리하고는 전혀 다른 이야기였다. 먼 나라 미국, 그것도 미시시피 강 부근의 어느 마을에 사는 톰 소여라는 아이가 주인공이었다. 그는 이모 집에 살고 있었다. 부모 이야기는 없다. 조금은 불쌍했다. 그런데 그의 행동에는 전혀 그런 기색이 없었다. 이모가 시킨 페인트칠을 친구를 꾀어 하게 하는 꾀가 나를 웃겼다. 그러나 골탕먹인 일은 아니었다.

* 　그런 장난꾸러기인데도 그가 좋아하는 베키 앞에서는 얌전해질 수 밖에 없었다. 그녀 앞에서 재주를 부리고 장난을 치지 않는 평범한 남자 아이가 되는 톰이 어쩌면 귀엽기도 하다.

* 　살인 사건을 목격한 후 유령의 집에 갔다가 우연히 범인 조를 발견하고는 용감한 행동으로 숨긴 돈을 찾고 그를 벌했다. 참으로 놀랄만한 일이었다. 그런 용기가 어디에 숨어 있었을까? 자유롭게 살아가는 톰의 생활이 그런 용기를 키워 주었을 것이라 생각된다.

(아래 줄임)

▶ 끝

　자기 장례식에 나타난 톰은 그야말로 장관이었다. 시대도 환경도 우리와 다르지만 어린이들의 순진하고도 장난기 있는 마음은 같다는 생각이 들었다. 우리도 조금은 자유롭게 쏘다닐 수 있게 놔두어 줬으면 좋겠다. 미시시피 강변의 이 아이들처럼.

(5) 위와 같은 순서와 방법으로 독후감상문을 써 보자.

① 읽은 책 :

② 제목 생각하기 (주제를 생각하면서)
　　제목 :

③ 짧은 문장으로 나타내기 (개요 짜기)

- 처　음 –
- 가운데 –
　　　　 –
　　　　 –
-　끝　–

④ 자세히 쓰기

▶ 처음

▶ 가운데

▶ 끝

✽ 다시 읽고 고치기를 해 봅시다.

여섯째마당

실 용 문

1. 주장하는 글

2. 설명하는 글

3. 편지

4. 신문 기사

1. 주장하는 글

글쓴이의 주장과 생각이 글의 중심이 되는 글을 주장하는 글이라 합니다. 주장이나 생각에는 근거(왜?)와 근거의 근거(실제의 경험, 사례 등)가 뒷받침 되어야 합니다.

주장하는 글은 대부분 처음(서론), 가운데(본론), 끝(결론)의 세 부분으로 이루어집니다.

(1) 개요 짜기

주제 (주장하고자 하는 생각) 가 정해지면 먼저 제목을 정하고 개요를 짭니다.

보 기

(주   제) 절약하는 생활

(제   목) 학용품을 아껴 쓰자 (혹은 학용품 아껴 쓰기)

(개요 짜기)

처음 (서론)　　－ 수입하는 자원을 아껴야 한다.
　　　　　　　－ 요즘 낭비가 심하다.

가운데 (본론)　－ 연필을 아껴 쓰자.
　　　　　　　－ 지우개를 잘라 내는 장난을 하지 말자.
　　　　　　　－ 종이를 함부로 낭비하지 말자.

끝 (결론)　　　－ 학용품 절약으로 작은 애국을 해야 한다.

---

(2) 글의 처음 (서론) 쓰기

　주장하고자 하는 것과 관련된 자신의 경험이나 문제가 되는 사실을 길지 않게 써서 주장하고자 하는 내용을 알립니다.

> 　생활이 넉넉해지면서 낭비하는 사람들이 많아졌다. 특히 학생들은 늘 쓰는 학용품을 유행따라 쉽게 버리고 있다. 수입하는 자원을 아껴야 잘 사는 나라가 될 수 있다.

(3) 가운데 (본론) 쓰기

> 　첫째, 연필을 아껴 써야 한다. 초등학생에게는 필기구로 연필이 알맞다고 한다. 교실에서 보면 주인 없이 버려지는 연필이 무수히 많다. 연필의 재료가 되는 흑연이나 목재는 수입을 많이 한다. 알뜰히 쓰고 아껴야 한다.
> 　둘째, 지우개를 잘라 내어 장난하지 말아야 한다. 지우개의 원료인 고무는 모두 수입하고 있다. 이것도 교실에서 칼로 자르거나 연필로 쑤셔 낭비하고 있다.
> 　셋째, 종이를 함부로 낭비하지 말아야 한다. 종이 원료인 펄프도 거의 외국에서 수입한다고 한다. 미술 시간 도화지를 구겨 버리는 일, 공책을 찢어 버리는 일, 컴퓨터 프린터에서 종이를 함부로 버리는 일이 많다. 이면지 사용을 해야 한다.

(4) 끝 (결론) 쓰기

　끝 부분에는 가운데 부분에서 주장한 것을 요약 제시해야 합니다.

> 　학생들이 낭비하고 있는 연필, 지우개, 종이 등의 학용품은 작은 것 같지만 모두가 그 재료를 수입하는 것이므로 아껴 써야 한다. 그것이 우리 나라를 사랑하는 지름길이 된다.

✽ 위와 같은 방법으로 ‘주제’를 정해 주장하는 글을 써 봅시다.

2. 설명하는 글

자기가 알고 있는 것을 상대방이 알아보기 쉽게 쓰는 글입니다. 설명하는 글도 처음, 가운데, 끝 세 부분으로 이루어집니다. 특히 가운데 부분에서 중심 문장과 뒷받침하는(보조) 문장을 잘 만들어야 합니다.

보 기

팽이치기

처음
  팽이치기는 팽이를 채로 쳐서 돌리며 노는 놀이이다. 우리 나라 옛 어린이들이 즐겨하던 놀이이다. 놀이하는 방법을 알아보자.

가운데
  먼저 팽이의 옆면을 양 손으로 잡고, 땅 위에 손으로 돌린다. 이 때 쓰러지면 다시 해야 한다. 천천히 도는 팽이를 팽이채로 옆면을 쳐서 쓰러지지 않고 계속 빠르게 돌도록 한다.

  두 사람이 돌릴 때는 팽이 싸움도 한다. 서로 자기 팽이를 쳐서 상대 팽이와 부딪치게 하고 상대방 팽이가 넘어지면 이기는 것이다.

  오래 돌리기 시합도 한다. 이 때는 기술적으로 쳐서 오래 돌리는 사람이 이긴다.

끝
  온몸 운동도 되는 팽이치기는 특히 겨울 얼음 위에서 하면 더욱 신난다.

✳ 밑줄 그은 부분이 중심 문장이 되고 그 아래가 보조 문장이 됩니다.

3. 편지

<table>
<tr><td>받을 사람 ——</td><td>보고 싶은 할머니께</td></tr>
</table>

첫인사　가을 바람이 불더니 온 산이 단풍 옷으로 갈아 입었습니다. 할머니, 그동안 안녕하셨습니까? 저도 잘 있습니다.

할말　　할머니, 오늘 제가 학교에서 글짓기 상을 받았습니다. 집에 와서 곧바로 할머니께 기쁜 소식드립니다. 우리집은 오늘도 아버지, 어머니 모두 정신없이 바쁩니다. 동생도 학교에 잘 다니고 있습니다. 지난 추석 때 뵌 할머니의 웃음띤 얼굴이 자꾸 눈에 어립니다. 기회 봐서 찾아 뵙겠습니다. 오늘은 제 자랑만 하였습니다. 할머니께서는 손자의 자랑을 늘 기뻐하셨지요.

끝인사　또 소식 드리겠습니다. 할머니 건강하십시오.

쓴 날짜 ——　　　　　　　　○○○○년　○월　○일

쓴 사람 ——　　　　　　　　손자　민수 드림

✽　문안, 위문, 축하, 사과, 초청 등의 목적으로 쓰는 편지가 있습니다. 형식은 마찬가지입니다.

4. 신문 기사

신문 기사는 쓰는 사람의 생각이나 추측이 표현되면 안 됩니다.
있는 그대로, 사실 그대로 써야 합니다. 신문 기사에는 여섯 가지
조건이 모두 나타나야 합니다.

가을 운동회

지난 10월 2일 우리 학교 운동장에서는 많은 학부모님, 내빈들
(언제)   (어디)
이 지켜보는 가운데 1,000여 명의 전교생이 참가한 가을 대 운동
(누가)   (무엇)
회가 펼쳐졌다. 평소 닦은 기량을 선보이고 우리들의 건강한
(왜)
체력을 가꾸는 기회가 되는 운동회는 해마다 열려 왔다. 학년별
달리기, 청백 계주, 학년 단체 경기, 무용, 학부모 경기가 즐겁게
(어떻게)
펼쳐진 하루였다.

– 김민수 기자–

✽ 기사 맨 뒤에는 반드시 취재한 사람의 이름이 있어야 합니다. 기사 내용은 취
재 기자가 책임을 져야 하기 때문입니다.

1. 원고지 쓰기

원고지에 직접 쓰거나 워드로 작성할 때 원고지 쓰는 법에 맞게 해야 합니다.

(1) 한 칸에 한 자씩 씁니다. (예1)

- 문장 부호(· , ！ ？ " " ' '등)도 한 글자로 처리합니다.
- 줄표(−), 말줄임표(……)는 두 칸에 걸쳐 씁니다.
- 아라비아 숫자(1,2,3,…)와 영어 알파벳 소문자는 한 칸에 두 자씩 씁니다. 대문자와 로마자는 한 칸에 한 자씩 씁니다.

(2) 띄어쓰기 할 때는 한 칸을 비웁니다. (예2)

- 띄어 쓸 칸이 왼쪽 맨 첫 칸이면 띄우지 않습니다.
  (바로 윗줄 오른쪽 끝에 ∨표시)
- 오른쪽 맨 마지막 칸에서 문장이 끝날 때는 마지막 글자 옆에 온점을 찍습니다.

(3) 제목과 이름 쓰기 (예3)

- 제목은 둘째 줄 가운데에 씁니다.
- 학교와 이름은 제목 아래 한 줄을 비우고 씁니다.

(4) 본문 쓰기 (예4)

- 이름 다음 줄을 비우고 그 다음 줄 첫 칸을 비우고 쓰기 시작합니다.
- 형식 문단이 시작될 때마다 첫 칸을 비웁니다.

예 1

한	다	.		그	래	서	,			
무	엇	인	가	?						
이	를		어	쩌	랴	!				
	"	너	는		뭐		하	느	냐	?
20	07	년		5	월		19	일		
이	것	은		——						
이	러	면		안	되	는	데	…	…	
	'	갈	까		말	까	'			

예 2

하	늘	이		맑	다	.	구	름	도		한		점		없	는	데	다
바	람	마	저		없	다	.											
	눈	이		내	려		온		천	지	가		하	얗	게		변	했	다	.

예 3

				위	대	한		장	군				
				대	한		초	등		학	교		
					6	–	1		홍	길	동		
									사	공	신	황	가능
고	향	에	는		할	머	니	가		홀	로	이	황

예 4

버스가 오기를 기다리는 엄마는 아무
말이 없었다. 나도 할 말이 없어서 그
냥 멀거니 뽀얀 길만 바라보고 있었다.
꽤나 오랜 시간이 지났다.
　그때 마침 저 멀리서 버스가 모습을
나타내었다.
　"엄마, 버스 저기 와요."
　나는 소리치며 서둘러 짐을 들었다.
엄마는 말없이 나를 따라 버스에 올랐
다.

(5) 원고지에 정서한 후에도 교정부호를 써서 고칠 수 있습니다.

기 호	뜻	보 기
⌀	글자를 고칠 때	동(해) 물과 백두산이
⦰	글자를 뺄 때	마르르고 닳도록
∨	띄어 쓸 때	우리나라만세
⌒	붙여 쓸 때	무궁 화 삼천 리
∨	글자를 끼워 넣을 때	대한로 길이 보전
⌐	글자를 오른쪽으로 옮길 때	가을 하늘은
∽	순서를 바꿀 때	달은 밝은 우리 가슴
⌐	줄을 바꿀 때	연기가 올랐다. 봉화대에서

2. 잘못 쓰기 쉬운 낱말

1) 잃다 와 잊다

생각이 나지 않는 것은 '잊다' 이고
없어져서 못 찾는 것은 '잃다' 이다.

- 수돗가에서 시계를 잃어 버렸다. (잃다)
- 선생님께서 내어 주신 숙제를 깜박 잊었다. (잊다)

2) 낫다 와 낳다, 나다

병이 완쾌됨은 '낫다', 이것은 저것보다 우수하다는 뜻으로
'낫다' 를 사용한다. 출산은 '낳다', 싹트는 것은 '나다' 이다.

- 할아버지의 감기가 다 나으셨다. (낫다)
- 형보다 아우의 그림이 더 낫다. (낫다)
- 우리집 십자매가 알을 두 개 낳았다. (낳다)
- 봉숭아 씨앗을 심었더니 오늘 파란 싹이 났다. (나다)

(3) 틀리다 와 다르다

'틀리다' 는 맞다의 반대로, '다르다' 는 같다의 반대로 쓰인다.

- 어제 본 국어 시험에서 나는 두 문제가 틀렸다. (틀리다)
- 내 생각은 네 생각과 크게 다르다. (다르다)

(4) 바라다 와 바래다

희망하는 것은 '바라다' 이고 색깔이 희미해지는 것은 '바래다' 이다.

- 우리 아버지가 건강해지시기를 나는 간절히 <u>바라고</u> 있다.(바라다)
- 할머니 남색 치마가 뿌옇게 <u>바래었다.</u> (바래다)

(5) ~든지 와 ~던지

~던지는 과거를 말할 때 쓴다.

> **보 기**
> - 어젯밤 숙제를 했던지 기억이 나지 않는다.
> - 뭐든지 먹고 싶다.

(6) ~으로써 와 ~으로서

~으로써는 '방법'을, ~으로서는 '자격'을 뜻할 때 쓴다.

> **보 기**
> - 믿음으로써 지켜온 우정이다.
> - 학생으로서 해서는 안 될 일이다.

(7) 다치다 와 닫히다
  - 장난을 치다가 손을 다치다.
  - 문이 저절로 닫히다.

(8) 맞히다 와 맞추다
  - 정답을 맞히다
  - 화살로 과녁을 맞추다

(9) 볼 거리 와 먹을 거리

  보다, 주다, 쓰다 등 받침이 없는 것은 볼 거리, 줄 거리, 쓸 거리로 말하지만 먹다, 적다(기록), 읽다 등 받침이 있는 것은 먹을 거리, 적을 거리, 읽을 거리로 말하고 써야 합니다. (먹거리, 적거리, 읽거리는 안 됨)

(10) 나르다 와 날다
  - (짐을) 나르다 → 나르고, 나르니, 날라서…
  - (새가) 날다 → 날고, 나니, 날아서 …

(11) 섞다 와 썩다
  - 섞다 → 섞어서, 섞으면, 섞으니 (혼합하다)
  - 썩다 → 썩어서, 썩으면, 썩으니 (부패하다)

(12) 이 와 이빨
- 높임말 → 치아
- 낮춤말 → 이빨

(13) 않~ 과 안~
- 않은(아니한의 준말) → 일하지 않은 사람은 먹지 말아라
- 안 (아니의 준말) → 그런 일은 안 한다.

(14) 느리다, 늘이다, 늘리다
- 느리다 → 속도가 느리다
- 늘이다 → 고무줄을 길게 늘이다
- 늘리다 → 생산량을 늘리다

(15) 반드시 와 반듯이
- 반드시 → 꼭 (약속을 반드시 지켜야 한다.)
- 반듯이 → 똑바로(고개를 반듯이 들어라)

(16) 부치다 와 붙이다
- 부치다 → 편지를 부치다. 빈대떡을 부치다.
- 붙이다 → 우표를 붙이다. 불을 붙이다. 취미를 붙이다.

(17) 장이 와 쟁이
- ~장이 → 기술자(미장이, 유기장이 등)
- ~쟁이 → 기술자 외는 쟁이(소금쟁이, 담쟁이, 욕심쟁이,멋쟁이)

(18) 시키다 와 식히다
- 시키다 → 일을 시키다.
- 식히다 → 끓인 물을 식히다.

(19) 안치다 와 앉히다
- 안치다 → 밥을 안치다.
- 앉히다 → 윗자리에 앉히다.

(20) 이따가 와 있다가
- 이따가 → 이따가 오너라.
- 있다가 → 돈은 있다가도 없다.

(21) 절이다 와 저리다
- 절이다 → 김장 배추를 소금에 절이다.
- 저리다 → 다친 다리가 저리다.

3. 틀리기 쉬운 낱말

( )속의 낱말도 함께 쓰인다. 표준어가 아닌 낱말 뒤에는 ×를 하였다.(가나다순)　✽ 의문 나면 사전 찾기

<table>
<tr><td>

가물(가뭄)
가엾다(가엽다)
강낭콩(강남콩×)
겸연쩍다
골짜기(골짝)
곳간
귓속말(귀엣말)
그물눈(그물코)
글귀(글구×)
금세(금새×)
깊숙이
깔보다(깐보다)
꼬까신(고까신)
꼭두각시(꼭둑각시×)
나무라다(나무래다×)
남빛(쪽빛)
냄비(남비×)
넝쿨(덩쿨)
녹슬다
놓치다
눈썹
늑장(늦장)

</td><td>

담쟁이
댓돌(섬돌,툇돌)
더욱이
돌(돐×)
동네(마을)
된장찌개
뒤뜰(뒷마당)
떡볶이
뚜껑(덮개)
멋쟁이(멋장이×)
메아리(산울림)
며칠(몇일×)
목걸이
무심코
뭇매(몰매)
미루나무(미류나무×)
미장이
바짓가랑이
발가숭이(발가송이×)
발뒤꿈치
발짓(발길)
버들강아지(버들개지)

</td></tr>
</table>

보조개(볼우물)
봉숭아(봉선화)
부닺치다
비로소(비로서×)
빛깔(색깔)
뻗치다
사거리(네거리)
사글세
사마귀(버마재비)
삽살개(삽사리)
설거지
셋방
소갈머리(소갈딱지)
소낙비(소나기)
수캐
수탉
수퇘지
숫자
쌍소리(상소리)
쓰레받기
아기(애기×)
아지랑이
안팎
암탉
애벌레
오뚝이
옥수수(강냉이)
요새

우레(천둥)
위층(웃층×)
윗녘(웃녘×)
윗집(웃집×)
일꾼
일찍이
자두(오얏×)
자물쇠(자물통)
제가끔(제각기)
제비꽃(오랑캐꽃)
조리개
차차(차츰)
찻잔
채소밭(남새밭)
책씻이(책거리)
초승달(초생달×)
케케묵다(켸켸묵다×)
타작(바심)
턱받이(턱받기×)
뒷간
하마터면
하여튼
한사코
허우대(허위대×)
호루라기(호루루기×)
회오리바람(용숫바람)
횟수
흠집(험집×)